349

VIEUX NOELS ILLUSTRÉS

Paris

IMPRIMÉ PAR ÉDOUARD BLOT

66, RUE TURENNE, 66

—

1867

C.

A MONSIEUR SALMON DE MAISON-ROUGE

VIEUX NOËLS

ILLUSTRÉS

Airs primitifs recueillis et arrangés pour le Piano

PAR

l'Abbé RASTIER

MAITRE DE CHAPELLE DE LA CATHÉDRALE DE TOURS

Dessins par HADOL

Paris

LIBRAIRIE DE L. HACHETTE & Cie

77, BOULEVARD SAINT-GERMAIN, 77

1866

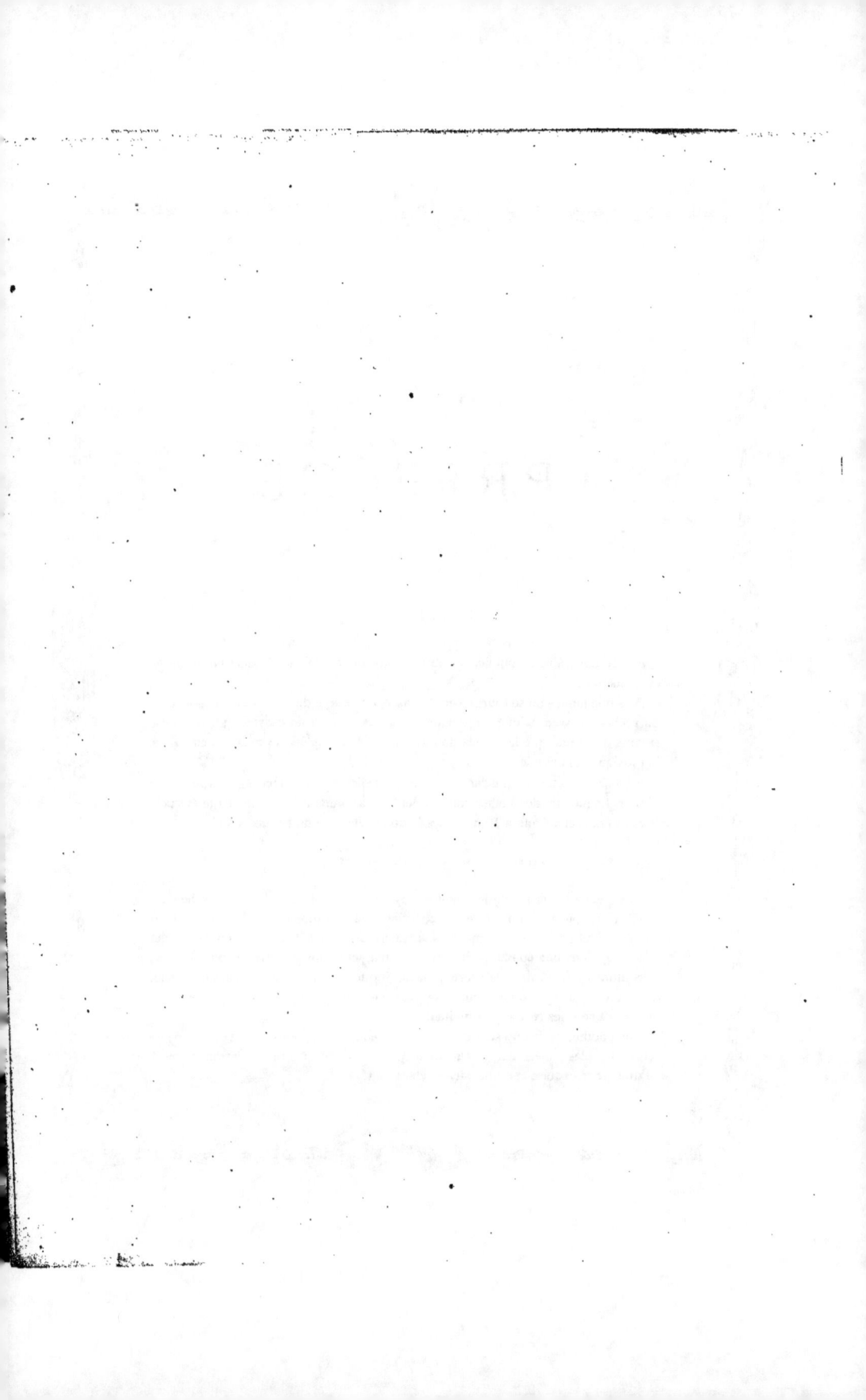

PRÉFACE

I

Est-ce téméraire de publier à notre époque un recueil de Noëls? Nous ne le croyons pas.

Plus que jamais on se tourne vers le passé, on essaye de remonter aux sources, on recherche avec avidité les moindres vestiges de l'art au moyen âge; or, il est permis d'affirmer que les Noëls donnent une idée complète de ce qu'étaient alors la musique et la poésie.

En effet, à cette époque l'art n'était que le reflet des croyances. On priait et on aimait. La plupart des poëtes consacraient leurs chants à Marie, la vierge éternellement pure, et à l'enfant Jésus. Lisez la douce *Ballade* de François Villon :

> Reine des cieux, régente terrienne, etc...

et vous verrez que même les moins croyants savaient prier à certaines heures.

Eh bien! parmi ces mystères du christianisme que tous célébraient à l'envi, en est-il un qui parle plus à l'âme que le mystère du Fils de Dieu naissant, pauvre et inconnu, dans une étable, petit entre les plus petits, faible entre les plus faibles, grelottant de froid dans la crèche, pendant que le ciel s'entr'ouvrait sur sa tête, avec toutes ses splendeurs? Ne nous étonnons donc pas si, parmi les poëmes religieux, ce sont les Noëls qui dominent.

Sans doute, beaucoup sont oubliés à l'heure qu'il est; d'autres sont devenus méconnaissables ; mais heureusement il nous en reste encore un certain nombre d'une grâce exquise et d'une naïveté charmante.

Quels en sont les auteurs? Il serait difficile de répondre à cette question. Comme les chants antiques de la Grèce, comme les poëmes du Nord, ils ne sont pas l'œuvre d'un seul, ils sont l'œuvre de tous. Ce qu'il y a de certain, c'est qu'ils ont pris naissance dans les campagnes, à l'ombre des chaumières. Un pâtre qui conduisait ses troupeaux dans la plaine, ou quelque laboureur, devenu poëte tout à coup à la vue des merveilles de Dieu, en composait d'ordinaire les premières strophes. Le soir venu, il les chantait à la veillée, sur un air déjà existant, ou bien sur un air nouveau qu'il improvisait au fur et à mesure, en l'adaptant de son mieux aux paroles. D'autres strophes s'ajoutaient successivement aux anciennes; chacun apportait sa pierre à l'édifice, si bien qu'au bout de quelque temps le Noël primitif était devenu un long poëme, qui comptait presque autant de collaborateurs que de couplets.

Chaque famille d'ailleurs avait son Noël privilégié. C'était un cher dépôt que l'on se transmettait de génération en génération, un ami qui était de toutes les fêtes. Les mères le murmuraient autour des berceaux; les jeunes filles le fredonnaient en filant leur quenouille, les vieilles grand'mères elles-mêmes, au coin du feu, dans leur fauteuil antique, l'apprenaient de leur voix chevrotante aux petits enfants grimpant sur leurs genoux. Puis, dans la nuit du joyeux avénement, quand les cloches sonnaient à toutes volées, ils partaient tous, l'aïeul en tête, pour le village voisin; et, par les sentiers couverts de neige, sous le ciel semé d'astres, à la clarté mystérieuse de l'étoile qui guida les Mages, ils cheminaient lentement, gais et graves à la fois, chantant ce Noël aimé, œuvre primitive des ancêtres, et dont la dernière strophe venait mourir sur le seuil de l'Eglise.

Ces temps, du reste, ne sont pas si éloignés de nous qu'on pourrait le croire. Dans quelques contrées de la France, ces pieuses coutumes subsistent encore, mais, hélas! elles vont en s'affaiblissant de plus en plus. — Les philosophes et les chemins de fer ont passé par là.

II

Le charme principal des Noëls consiste dans la grâce, dans la naïveté de l'expression. Ce sont de petits tableaux exquis comme tout ce qui est simple et vrai.

Ici saint Joseph cherche un logis pour la sainte Vierge; il va de porte en porte, mais toutes restent fermées, aussi bien à l'auberge du *Corbeau* qu'à celle du *Lion d'Or*. Là un berger, « tête nue et sans chapeau, » parcourt le hameau en annonçant la bonne nouvelle :

> Sus, sus, bergers,
> Sus, sus, bergers,
> Réveillez-vous.

et alors tous les villageois de se lever et de choisir une offrande pour le divin Enfant :

> Charlot lui porte un agnelet,
> Son petit-fils un pot de lait
> Et deux moineaux dans une cage :
> Robin lui porte du gâteau,
> Pierrot du beurre & du fromage.
>   Et le gros Jean *(Ter.)*
> Et le gros Jean un petit veau.

Est-il rien de plus naïf et en même temps de plus joli que cette énumération? Il y a de tout, même une antithèse.

Plus loin ce sont deux bergères, l'une « mondaine, » l'autre « humble, » qui devisent au sujet de « l'accouchée; » ou encore les paroisses de Tours qui se mettent en marche pour se rendre à l'étable. Ils sont tous là, ceux de Saint-Symphorien, de Saint Cyr, de la Riche, de Saint-Martin, de Saint-Gatien, de Saint-Hilaire, de Saint-Denis, de Saint-Pierre-du-Boille, portant les uns des étoffes d'or et d'argent, les autres des vases précieux, ceux-ci de la farine, des confitures, des fruits, ceux-là

> Des bas & des mitaines
> De leurs plus pures laines,
> Pour servir au poupon
> Dans la froide saison.

Si ceux de Saint-Avertin sont en retard, c'est que, « peur de pleurésie, » ils ont bu du vin tout le long de la route. Quant à ceux du Chardonnet,

> Par surcroît de prudence
> Ils ont pris leur bonnet.

Comme vous le voyez, la description est complète. L'auteur de la *Pastourelle* ne nous a fait grâce d'aucun détail. Qui oserait s'en plaindre?

Mais tous les Noëls ne sont pas composés sur ce ton familier. Dans quelques-uns, la pensée atteint une grande élévation. Je ne sais pas de plus admirable romance que le Noël : *Bénissez le Sauveur suprême;* c'est délicieux d'un bout à l'autre. L'auteur s'adresse à tous les êtres de la création et les invite à bénir Dieu dans leur langage :

> Triste & plaintive tourterelle,
> Bénissez Dieu, rien n'est si doux;
> Je devrais plus gémir que vous,
> Mais je suis moins fidèle.

> Entre ces deux rives fleuries,
> Bénissez Dieu, petits ruisseaux;
> Tout passe, hélas! comme vos eaux
> Passent dans ces prairies.

On voudrait tout citer, mais il faut savoir se restreindre.

Quant à la musique, elle est le plus souvent gaie, légère, un peu gauloise même. D'autres fois elle est grave, inspirée, majestueuse. Le cantique : *O nuit, heureuse nuit!* est à la hauteur du Prélude de Bach et de l'*Ave Maria* de Schubert; lisez, du reste, ce que le premier de nos critiques, M. d'Ortigues, a écrit là-dessus dans son *Dictionnaire de musique religieuse*, et vous serez de mon avis.

III

M. l'abbé Rastier, l'excellent maître de chapelle de l'église métropolitaine de Tours, a consacré plusieurs années à recueillir les Noëls du centre de la France. Aujourd'hui il en publie douze; inutile de dire que ce sont douze perles choisies dans un écrin qui en renferme encore beaucoup d'autres.

Il a tenu à leur conserver leur caractère d'originalité primitive; aussi n'a-t-il fait çà et là que quelques modifications indispensables. Il s'est appliqué surtout à ce que l'accompagnement de piano fût tout à fait en rapport avec le style de chaque Noël; il a pleinement réussi dans cette tâche difficile.

Puis, afin que ce recueil de Noëls, ou plutôt cet album, eût toutes les grâces et toutes les coquetteries, afin qu'il fût digne de figurer aussi bien sur la table du salon que sur le pupitre de musique, M. Hadol l'a enrichi de dessins charmants. Sous son crayon habile les strophes se sont pour ainsi dire animées. Voici le bœuf et l'ânon, voici les Mages, voici les anges qui parcourent les airs; les bergers mènent paître leurs troupeaux; les oiseaux du paradis jouent sur les branches; les fleurs s'entr'ouvrent; la grotte de Bethléem se remplit de clartés mystérieuses; tout cela rit et chante, et bénit l'Enfant qui va naître.

Aussi, quand on feuillette ces pages, où texte, musique, dessins rivalisent de grâce naïve, on se sent doucement ému; on songe aux premières fêtes de son enfance, à la vieille église où l'on priait, à l'autel étincelant de lumières, à l'orgue que l'on écoutait avec ravissement, comme s'il eût raisonné sous la main des anges; tous ces souvenirs bénis passent tour à tour devant les yeux, et insensiblement, du cœur aux lèvres, monte ce cri joyeux d'autrefois : *Noël! noël! un enfant nous est né!*

Aimé Mauduit.

VOISIN, D'OU VENAIT CE GRAND BRUIT?

Voisin, d'où venait ce grand bruit,
Qui m'a réveillé cette nuit,
Et tous ceux de mon voisinage?
Vraiment j'étais bien en courroux
D'entendre par tout le village :
            Sus, sus, bergers,
Sus, sus, bergers, réveillez-vous. Bis.

Quoi donc, Colin, ne fais-tu pas
Qu'un Dieu vient de naître ici-bas,
Qu'il est logé dans une étable?
Il n'a ni langes, ni drapeau,
Et dans cet état misérable
　　On ne peut voir,
On ne peut voir rien de plus beau. *(Bis.)*

Qui t'a dit, voisin, qu'en ce lieu
Voudrait bien s'abaisser un Dieu
Pour qui rien n'est trop magnifique?
Les Anges nous l'ont fait savoir
Par leur ravissante musique
　　Qui s'entendit,
Qui s'entendit hier au soir. *(Bis.)*

Plusieurs y sont déjà courus.
Quelques-uns en sont revenus.
Et disent que c'est le Messie;
Que c'est cet aimable Sauveur.
Qui, selon notre prophétie.
　　Nous doit causer,
Nous doit causer tant de bonheur. *(Bis.)*

Allons donc, bergers, il est temps,
Allons lui porter nos présents
Et lui faire la révérence;
Voyez comme Janot y va.
Suivons-le tous en diligence.
　　Et nos troupeaux,
Et nos troupeaux laissons-les là. *(Bis.)*

Charlot lui porte un agnelet,
Son petit-fils un pot de lait.
Et deux moineaux dans une cage;
Robin lui porte du gâteau.
Pierrot du beurre & du fromage.
　　Et le gros Jean,
Et le gros Jean un petit veau. *(Bis.)*

Pour moi, puisque ce Dieu Sauveur
Doit un jour être aussi pasteur.
Je veux lui donner ma houlette,
Ma pannetière avec mon chien.
Mon flageolet et ma musette.
　　Et mon sifflet,
Et mon sifflet, s'il le veut bien. *(Bis.)*

Sans plus tarder, allons donc tous,
Allons saluer à genoux
Notre Seigneur et notre Maître;
Et dans cet aimable séjour,
Où pour nous l'amour l'a fait naître.
　　Allons pour lui,
Allons pour lui mourir d'amour. *Bis.*

Après avoir fait nos présents.
Avec de petits compliments.
Autour de lui tous en cadence.
Nous lui souhaiterons le bonsoir,
Et lui ferons la révérence.
　　Adieu, poupon,
Adieu, poupon, jusqu'au revoir. *Bis.*

Ah! Colin, ah! que dis-tu là.
Il ne faut pas faire cela.
J'aimerais mieux perdre la vie:
Restons toujours dans ce saint lieu.
Tenons-lui toujours compagnie.
　　Et ne disons,
Et ne disons jamais adieu. *Bis.*

Pour moi, je suis plutôt d'avis
De retirer ce petit fils
De l'étable en ma maisonnette.
Où j'ai préparé sur deux bancs
Un lit en forme de couchette.
　　Et des linceuls,
Et des linceuls qui sont tout blancs. *Bis.*

Oui, je vais faire de mon mieux
Pour le retirer de ces lieux.
Et Joseph ainsi que Marie;
Quand ils seront tous trois chez moi.
Ma maison sera plus jolie
　　Que le palais,
Que le palais du plus grand roi. *Bis.*

Dès aujourd'hui dans ce dessein.
Sans attendre jusqu'à demain.
Je veux quitter ma bergerie,
Et j'abandonne mon troupeau,
Pour mieux garder toute ma vie
　　Dans ma maison,
Dans ma maison ce seul Agneau. *Bis.*

VOISIN, D'OÙ VENAIT CE GRAND BRUIT?

Voi-sin, d'où ve-nait ce grand bruit Qui m'a ré-veil-lé cet-te nuit, Et ceux de no-tre voi-si-na-ge? Vraiment j'étais bien en courroux D'entendre par-tout le vil-la-ge: Sus, sus, bergers, Sus, sus, ber-gers, ré-veil-lez-vous! Sus, sus, ber-gers, ré-veil-lez-vous!

St Joseph cherche logis pour la Ste Vierge

SAINT JOSEPH

Nous voici dans la ville
Où naquit autrefois
Le roi le plus habile
Et le plus saint des rois.

LA SAINTE VIERGE

Élevons la pensée
A Dieu qui a conduit
Nos pas cette journée;
Voici venir la nuit.

SAINT JOSEPH

Quelle reconnaissance
Pouvons-nous rendre a Dieu,
De la sainte assistance
Qu'il nous donne en tout lieu.

Hadol inv. et sculpsit

LA SAINTE VIERGE

Offrons nos corps, nos âmes
A notre créateur,
Et allumons des flammes
D'amour dans notre cœur.

SAINT JOSEPH

Allons, chère Marie,
Devers cet horloger :
C'est une hôtellerie,
Nous pourrons y loger.

LA SAINTE VIERGE

La maison est bien grande
Et semble ouverte à tous,
Néanmoins j'appréhende
Que ce n'est pas pour nous.

SAINT JOSEPH

Mon cher Monsieur, de grâce,
N'avez-vous pas chez vous
Quelque petite place,
Quelque chambre pour nous?

L'HÔTE

Pour des gens de mérite
J'ai des appartements,
Point de chambre petite,
Pour vous, mes pauvres gens.

SAINT JOSEPH

Passons à l'autre rue,
Laquelle est vis-à-vis,
Tout devant notre vue
J'y vois un grand logis.

LA SAINTE VIERGE

Aidez-moi donc, de grâce,
Je ne puis plus marcher,
Je me trouve bien lasse :
Il faut pourtant chercher.

SAINT JOSEPH

Ma bonne et chère dame,
Dites, n'auriez-vous point
De quoi loger ma femme
Dans quelque petit coin ?

L'HÔTESSE

Les gens de votre sorte
Ne logent point céans :
Allez à l'autre porte,
C'est pour les pauvres gens.

SAINT JOSEPH

Parlez, ma bonne dame,
Ne me pourriez-vous pas
Loger avec ma femme
Dans un lieu haut ou bas?

L'HÔTESSE

Hélas! je suis marrie,
Monsieur, de n'avoir rien;
Ma maison est remplie,
Et vous le voyez bien.

SAINT JOSEPH

Mon bon Monsieur, de grâce,
Ne donneriez-vous pas
Ou quelque chambre basse,
Ou quelque galetas?

L'HÔTE

J'ai bonne compagnie
Dont j'aurai du profit ;
Je hais la gueuserie,
C'est tout dire, il suffit.

SAINT JOSEPH

Auriez-vous, Monsieur l'hôte,
Maître du Grand-Dauphin,
Quelque grenier ou grotte,
Ou quelque petit coin?

L'HÔTE

Dans un coin, sur la paille,
Avec tous les valets,
Et toute la racaille,
Si vous voulez, allez.

SAINT JOSEPH

Voyons la Rose-Rouge :
Madame de céans,
Avez-vous quelque bouge
Pour de petites gens?

L'HÔTESSE

Vous n'avez pas la mine
D'avoir de grands trésors :
Voyez chez ma voisine;
Car, quant à moi, je dors.

SAINT JOSEPH

Monsieur des Trois-Couronnes,
Avez-vous logement
Chez vous pour trois personnes,
Quelque trou seulement?

L'HÔTE

Vous perdez votre peine,
Vous venez un peu tard,
Ma maison est fort pleine,
Allez quelqu'autre part.

SAINT JOSEPH

Et vous, Monsieur le maître
Des Trois-Petits-Paniers,
Pouvez-vous point nous mettre
Dans un coin des greniers ?

L'HÔTE

Des quartiers de la ville
C'est ici le plus plein :
Et c'est peine inutile,
Vous y cherchez en vain.

SAINT JOSEPH

Monsieur, je vous en prie,
Pour l'amour du bon Dieu,
Dans votre hôtellerie,
Que nous ayons un lieu?

L'HÔTE

Cherchez votre retraite
Autre part, charpentier,
Ma maison n'est point faite
Pour des gens de métier.

SAINT JOSEPH

Sieur de la Table-Ronde,
Peut-on loger chez vous,
Avez-vous tant de monde,
Avez-vous lit pour nous?

L'HÔTE

Ni lit, ni couverture :
Vous courez grand hasard
De coucher sur la dure,
Je vous le dis sans fard.

SAINT JOSEPH

Et vous, ma chère hôtesse,
Avez pitié de nous :
Sensible à ma tristesse,
Recevez-nous chez vous.

L'HÔTESSE

Je plains votre disgrâce,
Et je voudrais avoir
Quelque petite place
Pour vous y recevoir.

SAINT JOSEPH

En attendant, Madame,
Qu'autre part j'aie vu,
Permettez que ma femme
Ici repose un peu.

L'HÔTESSE

Très-volontiers, ma mie,
Mettez-vous sur ce banc;
Monsieur, voyez la Pie,
Ou bien le Cheval-Blanc.

L'HÔTESSE, parlant à la Sainte Vierge

Excusez ma pensée,
Je ne puis la cacher,
Vous êtes avancée,
Et prête d'accoucher.

LA SAINTE VIERGE

Je n'attends plus que l'heure;
Non, je n'ai plus de temps.
Et ainsi je demeure
A la merci des gens.

L'HÔTE, appelant sa femme

Viendras-tu, babillarde,
Veux-tu passer la nuit,
Te faut-il mettre en garde
Sur la porte à minuit.

L'HÔTESSE

C'est mon mari qui crie;
Il faut se retirer,
Hélas! je suis marrie
Qu'il nous faut séparer.

ST JOSEPH CHERCHE UN LOGIS POUR LA STE VIERGE

Piano — Métr. ♩=60. *Adagio con moto.*

Canto

Nous voi - ci dans la vil - le Où na - quit au-tre-fois Le
Roi le plus ha - bi - le Et le plus faint des rois. E - le - vons la pen-
fé - e Vers Dieu qui a con - duit Nos pas cet-te jour - né - e: Voici ve-nir la nuit.

BÉNISSEZ LE SAUVEUR SUPRÊME

Bénissez le Sauveur suprême,
Petits oiseaux dans vos forêts;
Dites, sous ces ombrages frais;
Dieu mérite qu'on l'aime.

Doux roſſignols, dites de même,
Ou tous ensemble, ou tour à tour,
Et que les échos d'alentour
  Vous répondent qu'on l'aime.

Triſte & plaintive tourterelle,
Béniſſez Dieu, rien n'eſt ſi doux:
Je devrais plus gémir que vous :
  Mais je ſuis moins fidèle.

Paiſſez, moutons, en aſſurance,
Et béniſſez le bon Paſteur;
Voit-il en moi cette douceur?
  Ah! quelle différence!

Tendres zéphirs qui dans nos plaines
Murmurez ſi paiſiblement,
Béniſſez-le chaque moment,
  Par vos douces haleines.

Entre ces deux rives fleuries,
Béniſſez Dieu, petits ruiſſeaux,
Tout paſſe, hélas! comme vos eaux
  Paſſent dans ces prairies.

Dans ces beaux lieux tout eſt fertile,
J'y vois des fruits, j'y vois des fleurs:
Je le dis en verſant des pleurs,
  Je ſuis l'arbre ſtérile.

Charmante fleur, un jour voit naître
Et mourir votre éclat ſi doux;
Je mourrai bientôt après vous,
  Plus tôt que vous peut-être.

Je vois briller l'aimable étoile
Qui luit le matin & le ſoir :
Mon Dieu, quand pourrai-je vous voir
  Face à face & ſans voile?

Mer en courroux, mer implacable,
Je dois bien craindre le Seigneur:
Ainſi que vous dans ſa fureur
  Il eſt inexorable.

Tonnerre, éclairs, bruyante foudre,
Marquent ſon pouvoir, ſa grandeur;
Dieu peut confondre le pécheur,
  Et le réduire en poudre.

Que ce grand fleuve dans ſa courſe,
Diſais-je un jour, plein de ferveur,
Si je vous offenſe, Seigneur,
  Remonte vers ſa ſource

Fleuve, coulez avec viteſſe
Vers cet endroit d'où vous partez:
Changez de cours & remontez,
  J'offenſe Dieu ſans ceſſe.

Comme le cerf court aux fontaines,
Preſſé de ſoif & de chaleur,
Ainſi je cours à vous, Seigneur!
  Adouciſſez mes peines.

Que le ſoleil & que l'aurore,
Les campagnes & les moiſſons,
Les rivières & les poiſſons,
  Qu'enfin tout vous adore.

Dieu tout-puiſſant, en qui j'eſpère,
Soyez toujours mon protecteur,
Je ſuis un ingrat, un pécheur :
  Mais vous êtes mon père.

BÉNISSEZ LE SAUVEUR SUPRÊME

QUAND DIEU NAQUIT A NOËL.

Quand Dieu naquit a Noël
Dedans la Judée,
On vit ce jour solennel,
La joie inondée :
Il n'était petit ni grand
Qui n'apportât son préfent,
Et n'o, n'o, n'o, n'o,
Et frit, frit, ne frit,
Et n'o, n'o, & ne frit,
Et n'offrit fans celle
Toute fa richeffe.

L'un apportait un agneau
  Avecque grand zèle,
L'autre un peu de lait nouveau
  Dedans une écuelle;
Tel, fous fes pauvres habits,
Cachait un peu de pain bis
  Pour la, la, la, la,
  Pour la fain, fain, fain,
  Pour la, la, pour la fain,
  Pour la fainte Vierge
  Et Joseph concierge.

Ce bon pere putatif
  De Jéfus, mon maitre,
Que le pafteur, plûs chetif,
  Défirait connaitre,
D'un air obligeant & doux
Recevait les dons de tous
  Sans cé, cé, ce, cé,
  Sans ré, re, ré, ré,
  Sans cé, cé, fans ré, re
  Sans ceremonie,
  Pour le fruit de vie

Il ne fut pas jufqu'aux rois
  Du rivage maure,
Qui, joints au nombre trois,
  Ne vintfent encore;
Ces bons princes d'Orient
Offrirent, en le priant,
  L'en, l'en, l'en, l'en, l'en,
  Cens, cens, cens, cens, cens,
  L'en, l'en, l'en, cens, cens, cens,
  L'encens & la myrrhe,
  Et l'or qu'on admire

Quoiqu'il n'en eût pas befoin
  Jéfus, notre maitre,
Il en prit avecque foin,
  Pour faire connaitre
Qu'il avait les qualites,
Par ces dons reprefentes,
  D'un vrai, vrai, vrai, vrai,
  D'un roi, roi, roi, roi,
  D'un vrai, vrai, d'un vrai roi,
  D'un vrai roi de gloire,
  En qui l'on doit croire

Plaife a ce divin enfant
  Nous faire la grâce,
Dans fon fejour triomphant
  D'avoir une place;
Si nous y fommes jamais,
Nous gouterons une paix
  De lon, lon, lon, lon,
  De gue, gue, gue, gue,
  De lon, lon, de gue, gue,
  De longue durée,
  Dans cet empirée

Amen! Noël!

QUAND DIEU NAQUIT A NOËL

Metr. ♩ = 100.

Allegro.

PIANO

CANTO

Quand Dieu na-quit à No - ël, De-dans

la Ju-dé - e. On vit, ce jour so-len - nel, La joie i-nondé -

- e; il n'é-tait pe-tit ni grand Qui n'ap-por-tait son pré - sent, Et n'o, n'o, n'o,

Leggiero.

n'o, Et ne frit, frit, frit, Et n'o, n'o, et ne frit, Et n'o-frit fans cef-fe Toute fa ri-chef - fe.

Rall.

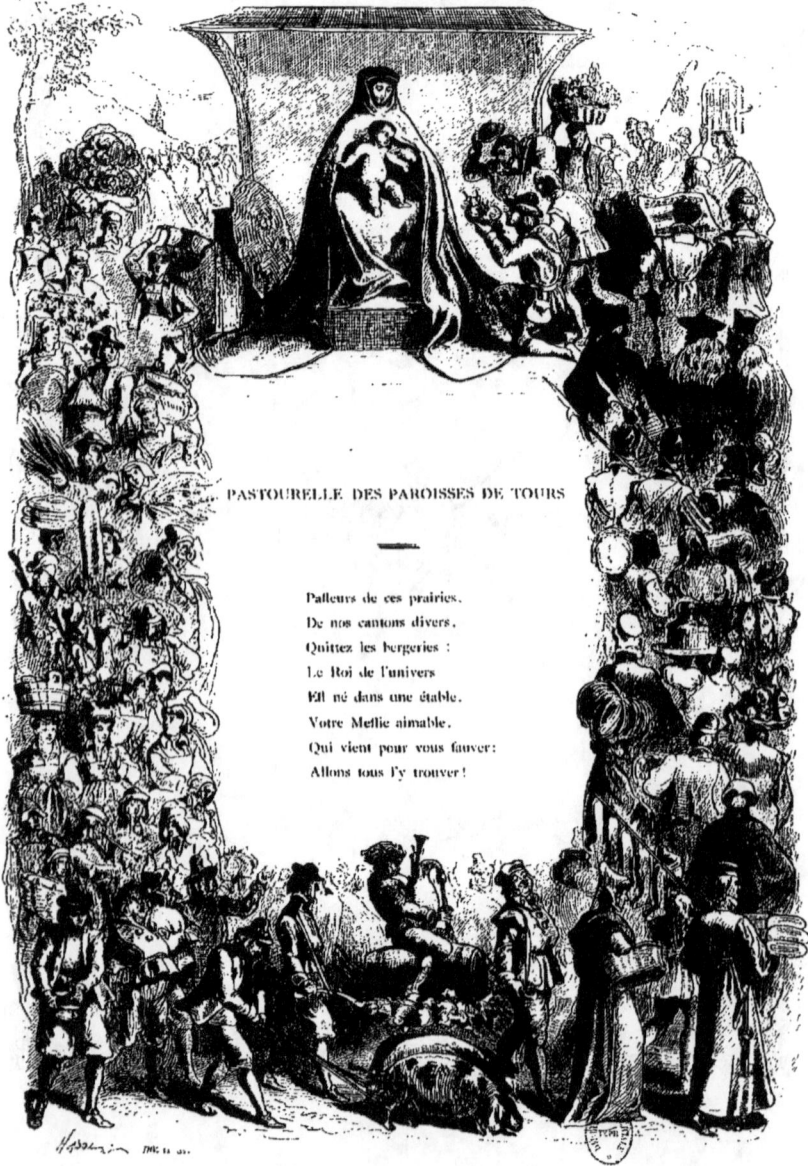

PASTOURELLE DES PAROISSES DE TOURS

Pasteurs de ces prairies,
De nos cantons divers,
Quittez les bergeries :
Le Roi de l'univers
Est né dans une étable,
Votre Messie aimable,
Qui vient pour vous sauver:
Allons tous l'y trouver !

Sortons de nos chaumines,
Bergers, car il eſt jour:
Une clarté divine
Paraît aux alentours.
Quelle eſt cette merveille
Qui frappe notre oreille?
J'entends comme des voix
Qui partent de ces bois.

Oui, bergers, ſont des anges
Qui vous ſont à ſavoir
Qu'un Sauveur dans les langes,
Déſireux de vous voir,
Dans une crèche immonde,
Pour le ſalut du monde,
Veut bien naître en ces lieux.
Et nous rendre des dieux.

Gloire à ce Dieu ſuprême,
Dans ſon plus haut ſéjour.
Qui donne ſon Fils même.
Par un excès d'amour:
Et que ces ſaintes flammes
Répandent dans les âmes
De bonne volonté
Sa paix & ſa bonté!

Charmés de ces nouvelles,
D'un récit ſi nouveau,
Et pouſſés d'un ſaint zèle.
Les bergers du hameau,
Sans tarder davantage,
S'en vont tous rendre hommage
A ce divin Sauveur,
Pour gagner ſa faveur.

Du jardin de la France
Il vint des paſtoureaux,
Que pour leur différence
L'on nomme Tourangeaux.
Préſenter à la Reine
Des beaux fruits de Touraine,
Et des draps les plus fins
De tous les magaſins.

Un motet en muſique
Saint-Gatien, Saint-Martin
Ont chanté pour cantique
A l'honneur du Dauphin:
Puis ont fait leur offrande,
Et magnifique & grande,
Demandant tour à tour
Sa grâce & ſon amour.

Meſſieurs de la juſtice
Sont venus par après.
Et ceux de la police,
Qui les ſuivaient de près;
Puis chaque corps de ville,
Qui venaient à la file,
Pour aller promptement
Lui faire compliment.

Saint-Saturnin enſuite
Donna de ſon tréſor,
Une étoffe d'élite
De brocart de fin or,
Sa frange & ſa doublure
D'une riche parure,
Tous les plus beaux atours
Qui fuſſent dedans Tours.

Les marchands de ſoierie
De Saint-Pierre Puellier
Sont venus voir Marie,
Et ſon fils ſupplier,
D'un cœur humble & ſincère,
De recevoir leur chère,
Et ne refuſèrent pas
De leurs beaux taffetas.

De Saint-Pierre du Boille
Les Paſteurs ſont venus
Apporter de la toile
Au ſaint Enfant Jéſus,
Des bas & des mitaines,
De leurs plus fines laines,
Pour ſervir au poupon
Dans la froide ſaiſon.

Saint-Clément, qui raffine
Sur le plus pur froment,
Porta de la farine
Avec empreſſement,
Et Saint-Simple ſe preſſe
D'aller faire largeſſe
Au nom de Saint-Éloi,
Qui n'avait pas de quoi.

Sainte-Croix, Saint-Hilaire,
Saint-Denis, l'Écrignol,
Semblaient tous contrefaire
Le chant du roſſignol;
Chargés de confitures.
De pâtés, de fritures,
Et de beau fruit diapré,
Pour le Dauphin ſacré.

Saint-Vincent, Saint-Étienne.
Pour l'aller ſecourir,
Étaient tous hors d'haleine
A force de courir;
Mais la troupe choiſie.
Craignant la pleuréſie.
Prit à Saint-Avertin,
En paſſant, du bon vin.

Par un point de prudence,
Les gens du Chardonnet.
Uſant de prévoyance,
Prirent tous leur bonnet;
Et nombre de fuſées,
Qu'ils n'avaient pas filées.
Mais qu'ils avaient pourtant
Pris pour argent comptant.

Du quartier de la Riche
Les bourgeois & marchands
Ont porté de la miche,
Et fait venir des champs
La crème la plus fine.
Pour la mère divine,
Et du lait du Pleſſis,
Pour donner à ſon fils.

Une bande d'Iſſières
Partirent de grand matin,
Pour aller des premières
Saluer le Dauphin;
Mais manque de finance.
Pour lui rendre aſſiſtance,
Elles promirent bien
De le blanchir pour rien.

Les Paſtoureaux fidèles
De Saint-Symphorien
Jouaient de leurs vielles,
Qui s'accordaient fort bien;
Mais leur bourſe déſerte.
Ne pouvant faire offerte.
Ils dirent des chanſons
De toutes les façons.

Des Varennes fertiles,
De Saint-Pierre des Corps.
Un grand nombre de filles
Apporta des raiſorts,
Et quantité d'herbages
Pour faire des potages,
Puis Saint-Marc le dernier,
De choux un grand panier.

Un troupeau plein de flammes,
Dans un deſſein pieux,
Vint de la Ville-aux-Dames.
Pour préſenter ſes vœux.
Et demander excuſe,
D'une âme bien confuſe.
D'avoir tant réſiſté
A ce Dieu de bonté.

La viſite étant faite,
Chacun ſe retirant,
Préſenta ſa requête
A Marie, à l'Enfant,
Demandant tous par grâce
D'avoir un jour leur place
Au royaume des cieux
Pour comble de leurs vœux.

PASTOURELLE DES PAROISSES DE TOURS

Pas-teurs de ces prai - ri - es, De nos cantons di - vers, Quit-

- tez les ber-ge - ri - es: Le Roi de l'u-ni - vers Est né dans une é-ta-ble, Vo-

- tre Mes - si-e ai-ma-ble, Qui vient pour vous sau-ver; Al - lons tous l'y trou-ver!

ON ENTEND PARTOUT CARILLON

On entend partout carillon,
Sur les monts de Judée,
Annonçant du Roi de Sion,
En terre l'arrivée,
Que nous a produit, ce dit-on,
La Vierge & Mère du Poupon,
Environ l'heure de minuit,
Bénoni,
Sans lui le monde aurait péri,
Cher ami.

Hâtons-nous d'aller voir l'Enfant
Couché dans une grange,
Son petit corps de froid tremblant
Sans drapeaux, ni fans lange;
Elle n'a pas le moindre haillon
La Vierge & Mère du Poupon,
Le bœuf & l'âne près de lui.
    Bénoni,
Du grand froid le mettent à l'abri.
    Cher ami.

Attendant qu'il foit éveillé,
La bergère fleurie,
Lui prépare du lait caillé,
Margot de la bouillie:
Puis lui donnera le téton
La Vierge & Mère du Poupon.
Cet enfant fera bien nourri,
    Bénoni,
Nous voulons avoir foin de lui.
    Cher ami.

La femme du jeune Colas
Georgette et Magdelaine,
Préparent des linges et draps,
Une couverture de laine:
Mais elle n'a pas de trouffon,
La Vierge & Mère du Poupon.
Perrette lui en a fourni,
    Bénoni,
C'eft pour endormir le Petit.
    Cher ami.

Sauveur, à toutes vos bontés
Nous fommes redevables,
D'être les premiers appelés
A vous voir dans l'étable.
Nous venons par dévotion,
O Vierge & Mère du Poupon:
Que Jofeph votre époux chéri.
    Bénoni,
Soit toujours notre ferme appui,
    Cher ami.

ON ENTEND PARTOUT CARILLON

Lyrics under the staves:

On en-tend par-tout ca-ril-lon, Sur les monts de Ju-dé - e, An-

- non-çant du roi de Si-on En ter - re l'ar-ri-vé - e, Que nous a produit, ce dit-

- on, La Vierge, mè - re du Pou-pon, En-vi - ron l'heu-re de minuit, Béno - ni, Sans

lui le monde aurait pé-ri, Cher a - mi.

NOUS ÉTIONS

TROIS BERGERETTES

———

Nous étions trois bergerettes
Auprès d'un petit ruisseau;
En gardant nos brebiettes,
Naulet, nau, nau, nau,
Qui paîtaient dans le préau.
Naulet, nau, nau, nau.

En gardant nos brebiettes,
Qui paissaient dans le préau.
Nous vîmes voler un ange.
  Naulet, nau, nau, nau,
Plus reluisant qu'un flambeau.
  Naulet, nau, nau, nau.

Nous vîmes voler un ange
Plus reluisant qu'un flambeau.
Qui, donnant à Dieu louange.
  Naulet, nau, nau, nau,
Chantait ce bel air nouveau :
  Naulet, nau, nau, nau.

Qui, donnant à Dieu louange.
Chantait ce bel air nouveau :
Le Rédempteur vient de naître.
  Naulet, nau, nau, nau,
Plus doux qu'un petit agneau.
  Naulet, nau, nau, nau.

Le Rédempteur vient de naître.
Plus doux qu'un petit agneau :
Laisse là tes brebis paître.
  Naulet, nau, nau, nau,
Va-t'en le voir, Pastoureau.
  Naulet, nau, nau, nau.

Laisse là tes brebis paître.
Va-t'en le voir, Pastoureau.
Il est né dans une étable.
  Naulet, nau, nau, nau,
Où n'y a lit ni berceau,
  Naulet, nau, nau, nau.

Il est né dans une étable
Où n'y a lit ni berceau :
Sa mère, Vierge admirable.
  Naulet, nau, nau, nau,
L'emmaillotte d'un drapeau.
  Naulet, nau, nau, nau.

Sa mère, Vierge admirable.
L'emmaillotte d'un drapeau.
A cette douce nouvelle.
  Naulet, nau, nau, nau,
Nous quittâmes le fuseau.
  Naulet, nau, nau, nau.

A cette douce nouvelle.
Nous quittâmes le fuseau
Pour aller voir la Pucelle,
  Naulet, nau, nau, nau,
Et le petit Mestiau,
  Naulet, nau, nau, nau.

Pour aller voir la Pucelle
Et le petit Mestiau.
O quelle douce merveille!
  Naulet, nau, nau, nau,
O agréable Enfanteau!
  Naulet, nau, nau, nau.

O quelle douce merveille!
O agréable Enfanteau !
Sa joue était plus vermeille
  Naulet, nau, nau, nau,
Qu'une rose au renouveau.
  Naulet, nau, nau, nau.

Sa joue était plus merveille
Qu'une rose au renouveau.
Jamais en jour de ma vie.
  Naulet, nau, nau, nau,
Je ne vis Enfant si beau.
  Naulet, nau, nau, nau.

Jamais en jour de ma vie
Je ne vis Enfant si beau :
Je lui fis de la bouillie,
  Naulet, nau, nau, nau,
Avec un peu de gruau,
  Naulet, nau, nau, nau.

Je lui fis de la bouillie
Avec un peu de gruau :
Robin a pris des sonnettes,
  Naulet, nau, nau, nau,
Et Colin son chalumeau,
  Naulet, nau, nau, nau.

Robin a pris des sonnettes
Et Colin son chalumeau :
Dîmes maintes chansonnettes.
  Naulet, nau, nau, nau,
Des plus belles du monceau.
  Naulet, nau, nau, nau.

Dîmes maintes chansonnettes.
Des plus belles du monceau.
Dieu fait comme nous dansâmes,
  Naulet, nau, nau, nau,
A l'entour du treffonau,
  Naulet, nau, nau, nau.

Dieu fait comme nous dansâmes
A l'entour du treffonau :
De là nous en retournâmes,
  Naulet, nau, nau, nau,
Chacune vers son troupeau.
  Naulet, nau, nau, nau.

NOUS ÉTIONS TROIS BERGERETTES

Nous é - tions trois ber - ge - ret - tes, Au - près d'un pe - tit ruif - feau, En gar - dant nos bre - bi - et - tes, Naulet, nau, nau, nau, Qui paif - faient dans le pré - au, Nau - let, nau, nau, nau.

QU'ADAM FUT UN PAUVRE HOMME

————

Qu'Adam fut un pauvre homme
De nous faire damner,
Pour un morceau de pomme
   Qu'il ne veut avaler:
   Sa femme fans ceffe
Le flatte, le preffe
D'en goûter un petit,
Croyant que la fageffe
Que le diable avait dit,
Gifait dedans ce fruit.

Mais s'étant aperçue
Que sage on n'était pas,
Se voyant toute nue
Après ce beau repas,
 Honteuse, tremblante,
 Piteuse, dolente,
Elle court au figuier,
Prend feuille verdoyante,
Tâche de la plier,
Pour faire un tablier.

Cependant notre père,
Que le morceau presfait,
Tout rouge de colère,
Sa femme maudiffait :
 Perfide, cruelle,
 Crédule, rebelle,
Tu trompes ton époux,
Que dira notre Maître,
Fuyons, & cachons-nous,
Je crains trop fon courroux

A ce bruit déplorable
Dieu defcend promptement,
Et d'un air tout aimable
Appelle doucement :
 Mon Eve, ma fille,
 Époufe gentille,
Adam, de moi chéri !
Mais, de leur domicile,
Ni femme ni mari
Ne difent : me voici

L'Auteur de la nature,
A qui rien n'est caché,
Sous un tas de verdure,
Découvre Adam couché,
 Tout trifte, tout pâle,
 Qui tremble, tout fale
De s'être ainfi trainé :
Qui répond ; C'eft la femme
Que vous m'avez donné,
Qui m'a prefque damné.

La femme, à cette plainte,
Contre Adam fe défend,
Et dit que fa contrainte
Ne vient que du Serpent
 Que dire, que faire ?
 De rire, de braire,
Ce n'eft pas la faifon :
Dieu leur ouvre la porte,
Et comme de raifon,
Leur défend fa maifon.

Cette trifte infortune
Caufa tous nos malheurs :
La vieilleffe importune,
Les plaintes et les pleurs,
 La pefte, la guerre,
 Par toute la terre
S'épandit à fon dam,
Pour expier l'offenfe
De notre père Adam
Dans chaque defcendant.

QU'ADAM FUT UN PAUVRE HOMME

Qu'A - dam fut un pauvre hom - me De nous fai-
re damner, Pour un morceau de pom - me Qu'il ne veut a - va-ler; Sa
fem-me, fans ceſ - te Le flat - te, le preſ - ſe D'en goû-ter un pe - tit, Croyant que la fa - gel-ſe, Que le diable avait dit, Gi - ſait dedans ce fruit.

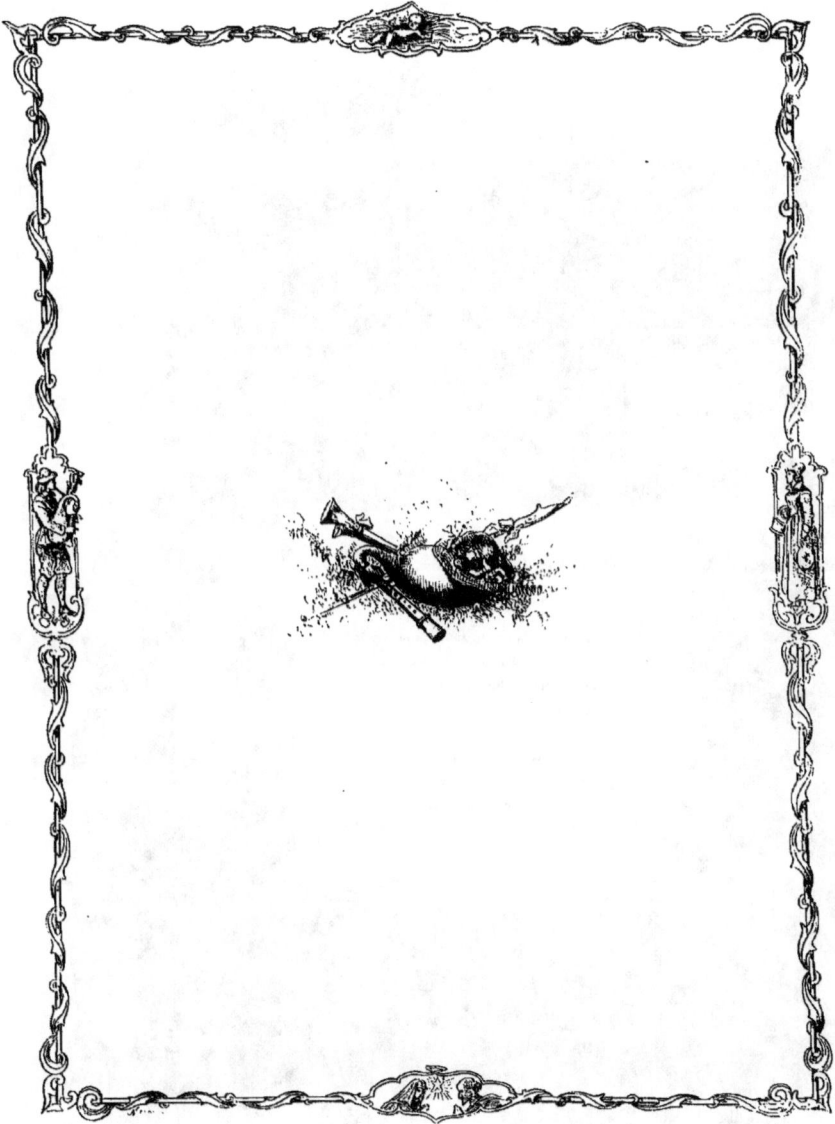

O NUIT, HEUREUSE NUIT!

O nuit, heureufe nuit, de Jéfus infpirée,
Qui redores le ciel d'angélique clarté,
T'avons-nous aujourd'hui fi fouvent défirée
Pour être ainfi gelante à fa nativité?

Les anges font venus pendant cette nuitée,
Aux pafteurs qui gardaient leurs brebis & agneaux
Cette nativité leur ont manifeftée,
Chantant, apparaiffant comme de clairs flambeaux.

En récitant ainsi : Laissez cette prairie,
Et vous en allez voir le Sauveur nouveau-né,
En Bethléem, sans doute; & Joseph & Marie
Vous trouverez ainsi comme il est ordonné.

Les pasteurs, ébahis d'ouïr cette nouvelle,
Ont laissé par les champs leurs brebis pâturer,
Et s'en sont allés voir la nativité belle,
Comme l'ange avait dit, & sans point demeurer.

Ils ont trouvé l'Enfant dans l'étable rompue,
Entre l'âne & le bœuf, couché très-pauvrement;
Un chacun d'eux, alors, ayant la tête nue,
L'a révéré selon son pauvre entendement.

Marie, en le voyant endurer tant de peine,
Pleurait, ne le pouvant traiter comme Seigneur;
Et les deux animaux de leur humide haleine
L'échauffant doucement, lui portèrent honneur.

Un peu plus tard, trois rois vinrent de terre étrange,
Du côté d'Orient, afin de l'adorer;
Les mages, pour lui rendre & honneur & louange,
Se mirent à genoux pour mieux le révérer.

L'un lui donna de l'or, & l'autre de la myrrhe,
Et le troisième offrit un plein vase d'encens:
Chacun l'a reconnu pour son Dieu, pour son Sire,
Puis ils sont retournés ayant fait leurs présents.

Etant divinement avertis la nuitée,
De ne pas retourner à Hérode parler,
Leur chemin ont repris par une autre contrée,
Rendant louange à Dieu de voir tout bien aller

O NUIT, HEUREUSE NUIT !

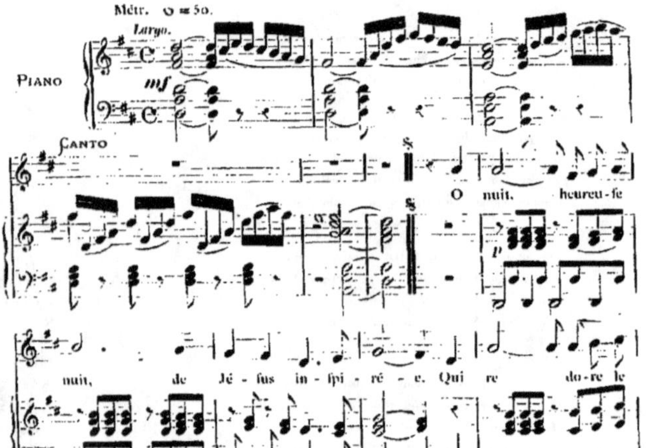

QUOI, MA VOISINE, ES-TU FACHÉE ?

Dialogue de deux bergères,
partant de l'humilité du Fils de Dieu : l'une est humble,
et l'autre est mondaine.

———

L'HUMBLE

Quoi, ma voisine, es-tu fâchée ?
   Dis-moi pourquoi ?
Veux-tu venir voir l'Accouchée,
   Avecque moi ?
C'est une dame fort discrète,
   Ce m'a-t-on dit,
Qui nous a produit le Prophète,
   Longtemps prédit.

LA MONDAINE

Je le veux, allons, ma commère,
   C'est mon défir.
Nous verrons l'Enfant & la mère
   Tout à loifir.
N'aurons-nous pas de la dragée
   Et du gâteau?
La falle eft-elle bien parée,
   Y fait-il beau?

L'HUMBLE

Ah! ma bergère, tu te trompes
   Fort lourdement.
Elle ne cherche pas les pompes
   Ni l'ornement:
Dedans une chétive étable
   Se veut ranger,
Où il n'y a buffet ni table
   Pour y manger.

LA MONDAINE

Au moins eft-elle bien coiffee
   De fins réfeaux,
Et fa couche bien étoffée
   De beaux rideaux?
Son ciel n'eft-il pas de dorure
   Tout chamarré,
N'a-t-il pas auffi pour bordure
   L'or bafané?

L'HUMBLE

Elle a pour toute belle couche,
   Dedans ce lieu,
Le tronçon d'une vieille fouche,
   Tout au milieu:
Les murs lui fervent de cullode,
   Et pour fon ciel,
Il eft fait à la pauvre mode
   De chaume vieil.

LA MONDAINE

Encor faut-il que l'Accouchée
   Ait un berceau,
Pour bercer, lorfqu'elle eft couchée,
   L'Enfant nouveau:
N'a-t-elle pas garde & fervante
   Pour la fervir?
N'eft-elle pas affez puiffante
   D'y fubvenir?

L'HUMBLE

L'enfant a pour berceau la crèche
   Pour fommeiller,
Et une botte d'herbe féche
   Pour oreiller:
Elle a pour toute compagnie
   Son cher baron,
Près d'un bœuf dans cette écurie
   Et d'un anon.

LA MONDAINE

Tu me dégoûtes, ma voifine,
   D'aller plus loin,
Pour voir une femme en géfine
   Deffus du foin:
Pour moi qui ne fuis que bergère,
   Suis beaucoup mieux,
Que non pas cette ménagère,
   Sous ce toit vieux.

L'HUMBLE

Ne parle pas ainfi, ma chére,
   Mais, par honneur,
Crois-moi que c'eft la chafte Mère
   Du vrai Sauveur,
Qui veut pour nous humblement naître,
   Nous fauvant tous:
Montrant que bien qu'il foit le Maître,
   Eft humble & dous.

Nous vous prions, très-digne Mère
   Du Roi des cieux,
De nous délivrer de mifère,
   Dans ces bas lieux,
Et d'obtenir pour nous la grâce,
   De votre fils,
De le voir un jour face à face
   En paradis.

QUOI, MA VOISINE, ES-TU FACHÉE?

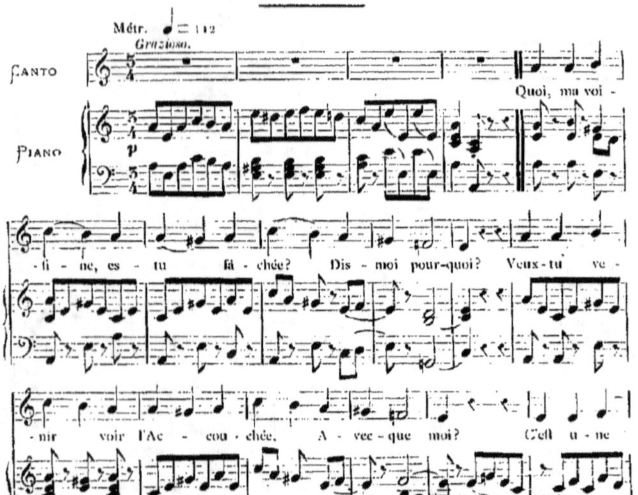
Métr. ♩ = 112
Grazioso.
CANTO
PIANO
p
Quoi, ma voi -
- si - ne, es - tu fâ - chée? Dis - moi pour - quoi? Veux - tu ve -
- nir voir l'Ac - cou - chée, A - vec - que moi? C'est u - ne
Dolce.
da - me fort dis - crè - te, Ce m'a - t - on dit,
Qui nous a pro - duit le Pro - phè - te, Longtemps pré - dit.

DANS LE CALME DE LA NUIT

Dans le calme de la nuit,
S'est entendu un grand bruit:
Une voix, plusieurs fois,
Plus angélique qu'humaine,
Une voix, plusieurs fois,
Donnait gloire au Roi des rois.

Je n'entendais qu'à demi,
Car j'étais tout endormi :
Cependant, ce doux chant
M'a fait ouvrir les oreilles ;
Cependant, ce doux chant
M'a fait lever promptement.

Plus en plus je m'approchais,
Et mieux & mieux j'entendais,
O le chant raviffant !
Jamais n'ouïs voix pareilles,
O le chant raviffant !
M'écriai-je hautement.

Je courus dans le hameau,
Tête nue & fans chapeau ;
Tout ronflait, tout dormait :
Dans un repos bien tranquille,
Tout ronflait, tout dormait,
Perfonne ne m'entendait.

Sus ! levez-vous, compagnons ;
L'autre nuit nous dormirons.
Dépêchez-vous & fortez.
Venez avec moi entendre :
Dépêchez-vous & fortez,
Et tout ravis vous ferez.

Auffitôt fait comme dit,
Et le grand & le petit
Me fuivent en fautant ;
Ils ont ouï la muſique,
Me fuivent en fautant ;
Ils admirent ce beau chant.

L'ange qui fi bien chantait
Clairement nous inftruifait :
Cette nuit, à minuit,
Eft né le Sauveur des hommes.
Cette nuit, à minuit :
Sur la paille il eft réduit.

Allez voir ce bel Enfant,
Pafteurs, dit-il, promptement ;
Sans douter, ni errer.
Croyez à cette nouvelle,
Sans douter, ni errer.
Allez vite l'adorer.

De cet oracle divin,
Ayant tous pris le chemin.
Le fuivant promptement.
Avons trouvé le Meffie,
Le fuivant promptement,
Avons adoré l'Enfant.

Il était, ce beau Poupon,
En pitoyable façon ;
Il tremblait de grand froid.
A peine avait-il des langes ;
Il tremblait de grand froid.
Sa fainte Mère en pleurait.

Nous avions bien tous auffi
Le cœur grandement tranfi ;
Ses yeux doux, deffus nous,
Souriaient d'un air pitoyable :
Ses yeux doux, deffus nous,
Pénétraient l'âme de tous.

DANS LE CALME DE LA NUIT

Dans le cal - me de la nuit S'est en - ten - du un grand bruit, U - ne voix, plu - sieurs fois, Plus an - gé - li - que qu'humai - ne, U - ne voix, plu - sieurs fois, Don - nait gloire au Roi des rois:

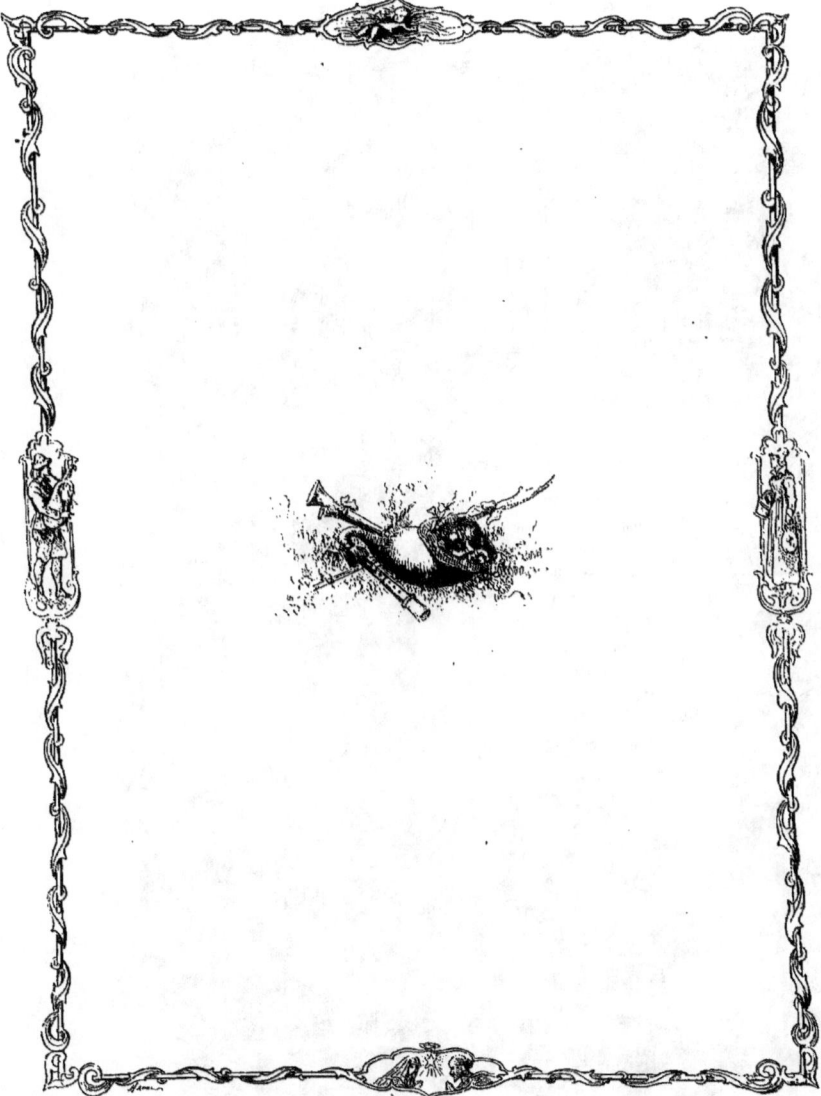

PUISQUE L'ON M'A AMENÉE

Puisque l'on m'a amenée
A ce saint accouchement,
Je vais chercher compagnie
Pour y aller promptement.

REFRAIN

Allons, allons, ma voisine,
Allons voir ce bel Enfant.

Je me fus trop amusée,
Je m'en repens maintenant:
En achevant ma fusée
Ils ont gagné le devant.
    Allons, etc.

Bonjour, ma douce compagne,
Où vas-tu si vitement?
Je vais passer la montagne,
Allons donc ensemblement.
    Allons, etc.

Mais attendons Perronelle,
Qui viendra incontinent:
C'est une bonne hardelle,
Elle chante joliment.
    Allons, etc.

Dis-moi donc, fidelle amie,
Que dis-tu de ces doux chants:
Jamais si douce harmonie
Je n'ouïs parmi nos champs.
    Allons, etc.

J'ai bien ouï la bousine
Et le hautbois résonnant,
La musette poitevine
Et le bedon bourdonnant.
    Allons, etc.

Mais cette voix angélique,
Que j'écoutais maintenant,
C'est la plus douce musique
Que j'ouïs en mon vivant.
    Allons, etc.

Entends-tu bien le mystère
Que cet air va respirant:
Je fais bien l'histoire entière;
Nous en irons discourant.
    Allons, etc.

Ne fais-tu pas, chère amie,
Le péché que nos parents
Firent en ne gardant mie
De Dieu les commandements.
    Allons, etc.

Le Fils de Dieu s'est fait homme,
Voulant charitablement
A ce dur morceau de pomme
Satisfaire entièrement.
    Allons, etc.

La Vierge en est accouchée
Cette nuit précisément,
En Bethléem de Judée,
En un pauvre appartement.
    Allons, etc.

Déjà beaucoup il m'ennuie
Que je ne fois là devant:
Car c'est le divin Messie
Dont on parle si souvent.
    Allons, etc.

Si de le voir j'ai la grâce,
J'aurai tout contentement:
Devant sa divine face
M'inclinerai humblement.
    Allons, etc.

Baiserai de la Pucelle
La robe tant seulement:
Comme pauvre pastourelle
Je n'oserais autrement.
    Allons, etc.

Lui donnerai de la farine
Toute pure de froment,
Et du lait une chopine,
Voire pinte entièrement.
    Allons, etc.

Et toi, ma sœur, ma mignonne,
Ton présent fera-t-il grand?
Toute à lui je m'abandonne,
Et moi, et tout mon vaillant.
    Allons, etc.

Lui donnerai des couchettes
Et de beaux linges tout blancs:
Ce sont des présents honnêtes,
Mais ils ne sont pas bien grands.
    Allons, etc.

Surtout, ma sœur, je vous prie,
Prions l'Enfant humblement
Qu'à la fin de notre vie
Doux soit notre jugement.

REFRAIN

Allons, allons, ma voisine,
Allons voir ce bel Enfant.

PUISQUE L'ON M'A AMENÉE

Puis-que l'on m'a a-me-né-e A ce faint ac-couche-ment, Je vais cher-cher com-pa-gni-e Pour y al-ler prompte-ment. Al-lons, al-lons, ma voi-fi-ne, Al-lons voir ce bel En-fant.

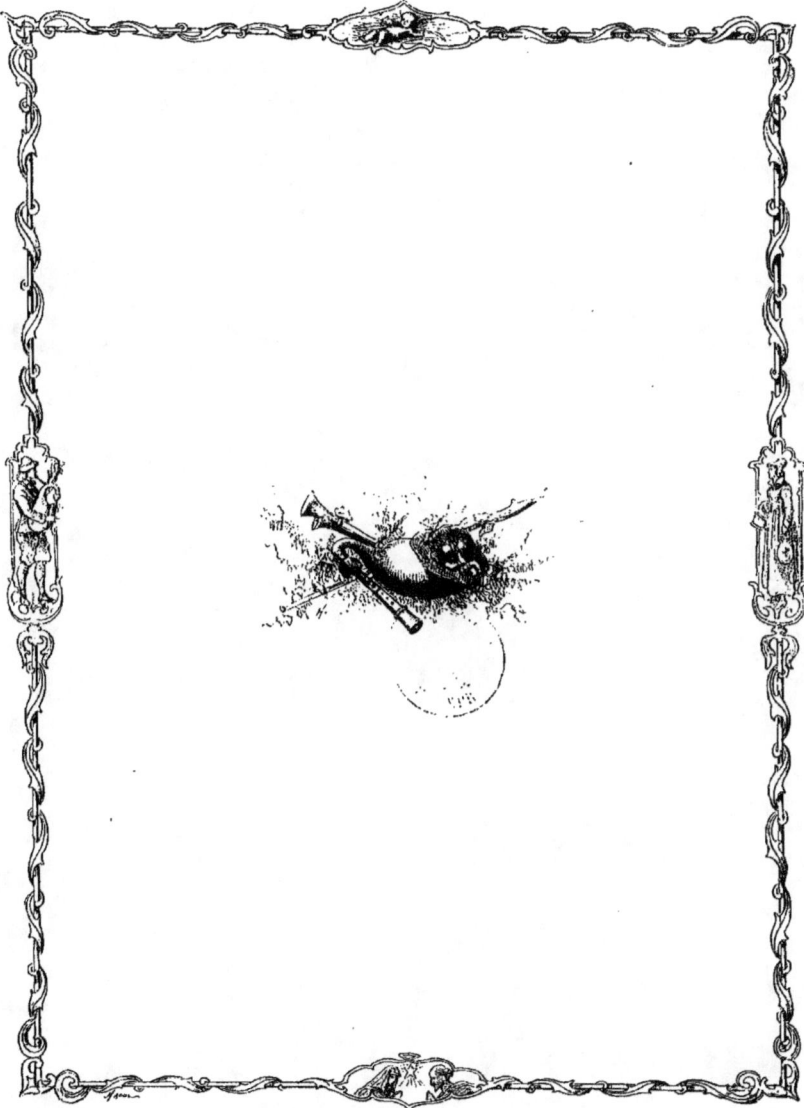